JN409311

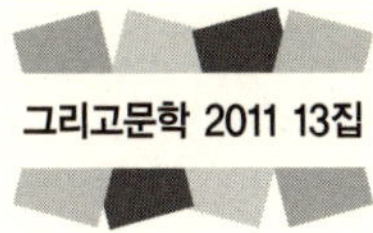

놀란 흙

____________________ 드림

놀란 흙

권숙자 김경곤
김영은 문춘식
이돈희

그리고문학

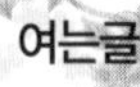

여는글

시를 캐는 광부

탁자 위에 놓인 하얀 백지가 눈에 아프다.

오랫동안 도금 된 마음은 벗겨지고 쓰다만 몇 편의 시가 바람에 흔들리고 있지만 세상은 거리처럼 황량하고 거리는 명분처럼 거기에 서있는 12월입니다.

얼마 남지 않은 나무에서 이따금씩 떨어지는 시간을 바라보며 통곡을 잃어버린 참새처럼 재잘대다 가면 그 뿐, 낡은 달이 새달처럼 뜨는 하루하루가 같은 숫자로 다가오는 달력의 모습이 바꾸인 듯 무엇이 크게 다르겠습니까?

흐린 하늘에 형태도 없는 태양이 뜨는 것처럼 누가 시키는 것도 아니고 누가 묻어둔 것은 더욱 아니라서 캐도캐도 글자는 보이지 않고 온통 검은 빛뿐인 이곳에 들어와 이유도 없이 남의 잘못 건드리는 우리들은 시의 언어를 캐는 시의 광부입니다.

언제 범벅이 될지 모르는 이곳에서
흔적도 없이 묻힐지 모를 이곳에서
해마다 시의 언어를 찾아내는 몸부림을
이 한권에 담아 둡니다.

2001년 12월
문 춘 식

차례_ 놀란 흙

초대시

권숙자

차례_놀란 흙

김경곤

김영은

문춘식

이돈희

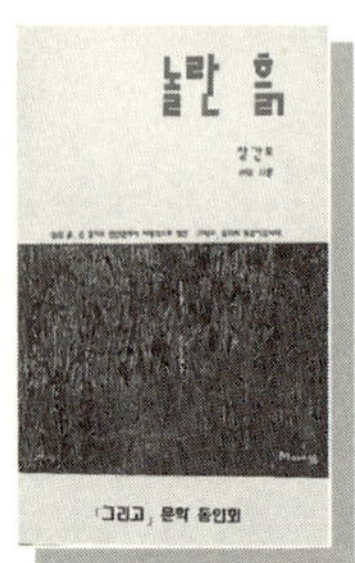
놀란 흙
「그리고」 문학 동인회

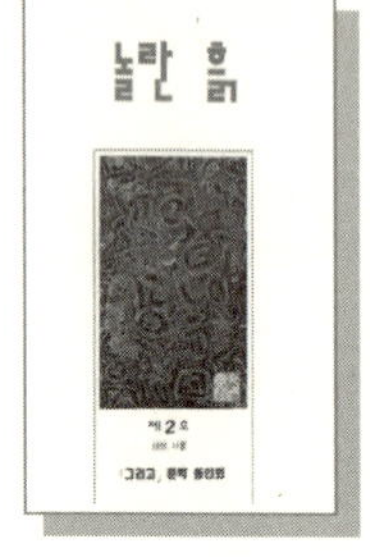
놀란 흙
제 2 호
「그리고」 문학 동인회

놀란 흙
제 3 집
그리고문학회

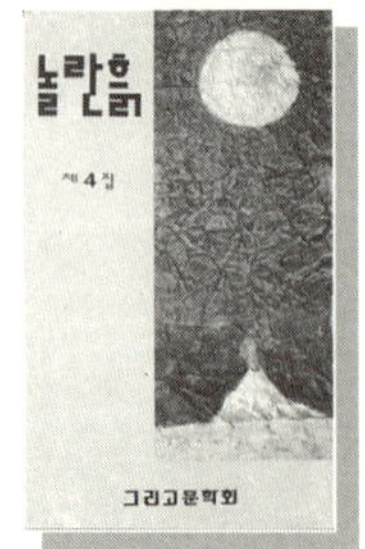
놀란 흙
제 4 집
그리고문학회

놀란 흙
제 5 집
연천그리고문학회

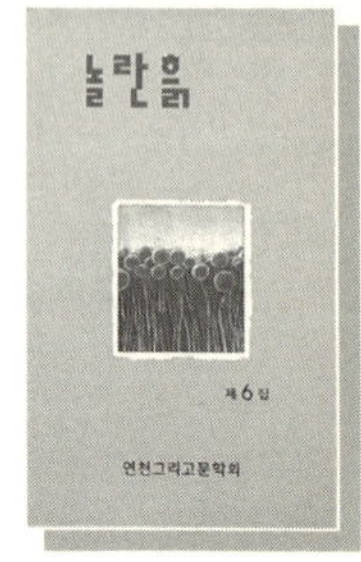
놀란 흙
제 6 집
연천그리고문학회

초대시

고창수 권미자
김경식 우옥자

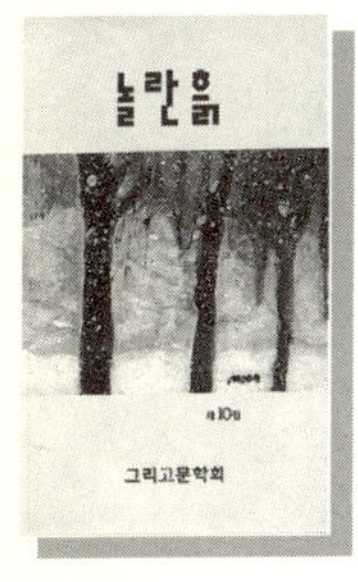

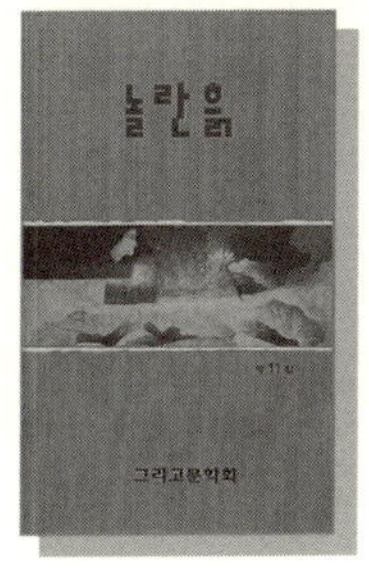

가족家族

고창수

그들 사이엔
은유隱喩의 자리가 없다.
나뭇가지 위에 흔들리는 작은 새의
떨리는 두려움이 있고
가을마당에 말리는 붉은 고추처럼
눈에 선한 그리움이 있다.
간절한 눈망울들이
집안의 어둠을 밝힌다.
탯줄은 오래 전에 끊어졌지만
엄마의 목숨 속을
끝없이 돌아가고 있다.
엄마는 세파世波에 떠내려가면서
젖을 먹이고 있다.
고통에 담금질한 사랑만이
가족을 지켜냄을 알고 있다.
슬픔의 힘을 또한 알고 있다.
아빠가 어두운 부엌에 내려놓는
식량食糧은 축제의 풍악으로 울린다.

자나깨나
손에 손을 맞잡고 가족이 추는 원무圓舞는
세상을 떠받히는 고리가 된다.
그들이 나날이 먹고 마시는 일은
하느님에 대한 절실한 기도祈禱이며
세상의 축제에 대한 봉헌奉獻이다.

고창수

시문학등단. 영상작가, 영시번역작가. 한국문학번역상, 시문학상수상. 시집 『산보로 몇가지 풍경』 외 4권

kochangsoo@hanmail.net

물 다듬질

권미자

파도가 밀려와 자갈을 끌고 간다. 자갈을 말리던 햇빛이 섬의 기슭에서 멈칫한다. 파도는 밀려와 자갈을 끌고 가며 기슭을 슬쩍 건드려본다. 햇빛은 기슭 위로 자리를 조금 옮긴다. 파도는 또 밀려와 짜그르르 소리를 내면서 젖은 자갈들을 마른 자갈 위로 밀어 놓는다, 파도는 밀려오면서 솟구쳤다가 햇빛을 기슭 위로 밀어놓고 자갈을 다시 끌고 가다가 놓는다, 자갈은 어찌할 도리 없이 파도에 몸을 맡긴다. 바다는 자갈의 구김이 골고루 펴지고 윤이 나도록 펼쳤다 접기를 쉬지 않고 되풀이한다.

몽돌은
물 방망이질에 온몸이 멍든 줄만 알았지
부서지는 햇살 아래
매끈한 몸으로 빛나는 줄은 몰랐을 것이다

다듬이질에 밀리고 당겨지며
엎어졌다 젖혀졌다 다듬어지는 동안
빛나는 흑명석이 된 것은 더욱 몰랐을 것이다

제 몸 다듬는 투명한 소리
하늘을 오르는 오케스트라 선율이 되어
내 마음까지 빼앗는 줄은 더더욱 몰랐을 것이다

권미자
2004년 《미네르바》 등단.
minary5@naver.com

사경寫經

김경식

심심불 처처불心心佛處處佛
늙으신 어머니는 산을 찾는 대신
가슴에 암자 한 채 새로 들이셨다

이 빠진 밥상 앞에
덜걱거리는 무릎을 꿇고
화석이 된 여래如來의 음성을
한 글자 한 글자 옮겨 적는다

언제나 그 끝에 이르게 될지
닳아버린 연필심이 못내 불안하지만
어머니는 결코 서두르지 않는다

연방 침을 묻혀가며
한 걸음 한 걸음
묘법妙法의 세계로 들어간다

어디쯤 가고 있을까
저문 햇살 어깨 너머 기웃거리고
어머니는 오늘도
금강金剛의 숲을 거닐고 있다

김경식
《스토리문학》 수필, 《다시올문학》시, 신인상
수상집 『마음에 걸린 풍경 하나』
sj574@hanamail.net

수선하는 도시

우옥자

건널목 앞 플라타너스 그늘 아래
도시으이 풍경이 되어버린 구둣가게
두어 사람 들어설만한 수선집은
희미한 전등과 석유곤로를 껴안고 앉아있다
벽에 걸린 열쇠, 이름을 기다리는 목도장, 갖가지 구두 굽
낡은 재봉틀은 세상을 수선하는 방법을 알고 있다

급히 지나가는 바람을 끌고 한 여자가 들어온다
앉은뱅이 무릎 위에 구두를 올려놓고,
안경 너머로 상처를 살피는 사내
도시를 건너온 걸음이 불안하다

이 도시에 합류하려면 킬힐*도 감수해야 했겠지
피멍든 발가락을 유리구두에 숨겼을 것이다
가파른 층계와 모서리에 할퀸 흔적
손톱 밑이 까만 사내의 손이
길고 뾰족한 그 높이를 어루만진다

위태로운 걸음들이 우르르 지나간다
검은 비닐봉지에 담겨 낮은 천장에 매달린 구두들
늦은 햇살이 유리창에 머뭇거릴 무렵
휠체어를 밀며 올 아낙을 기다리는 사내
수선할 수 있어 고마운 저녁이 오고 있다

* 킬힐(kill heel): 굽이 아주 높은 구두

우옥자
2008년 《다시올문학》 등단, 글샘 동인, 시작동인
현 사우고등학교 재직
wooropa@hanmail.net

권숙자

한국문학 등단
연천문인협회 회원
그리고문학 동인
시집 『임진강의 봄』

권숙자

코스모스 외 8편

코스모스 외 8편

권숙자

꽃이려느냐
새파란 하늘에
손수건 흔드는 너는
그냥 가을이거라

울어도 울어도
채워지지 않는 가슴
시퍼렇게 멍들어버린
하늘가에 흔들리고픈

네 손가락 마디마디
꽃잎으로 나브대는
진분홍 연정아

차라리
그냥 가을이거라

도비도에서

갈매기도 날지 않는
외딴 바닷가 마을

햇살 바라기하는
할머니 지팡이
허공에 버려지고

땅 짚은 오두막
바다만 보고 있다

파도에 떠밀린 통통배
놀이터도 되지 못한 채
해돋이로 떠오른다는
도비도의 마을

추수 끝낸 들녁 같은
바다만 혼자 노닌다

詩, 낭송회

비단옷 두르고
유연한 인어의 몸놀림

그때마다 서걱이는
낯선 파장
무명 옷고름 만지작거리는
행랑 아이처럼
귓전에 스치는 소리
소리뿐인 형체들

채울 수 없는 허기는
배앓이를 일으키고
영혼의 은신처마저
허공으로 내몰리는 비애

그 냉혹한 체벌

아카시아 꽃

꽃향기 보다 진한
그리움 의 아슴한 향기
흐드러지면

언제나 가슴 시린
어머니여
아낙이여

기어이
이 땅에 속살로 남아서
두고두고 달콤하게 곰삭이는
유월의 사랑이여

거미줄

집달리도 아니고
빚 대출 해 준적도 없는데
날마다 밭머리에서
남의 집을 허무는가

세상 빌려 살기야
너나 내가 다를 바
무엇이 있겠냐마는
밤마다 막무가내로
바리게이트 치면
호미 들고 나는
어쩌란 말이냐

다음엘랑
내 땅이라고
우기기라도 할라치면
토지 소유 임대 계약서라도
문패로 내 걸던지

그도 저도 아니면
입지 좋은 강남에다
다락방이라도 짓고
이사 가던지

가을의 독백

서러워 마라
가을은 또 다른 겨울과
봄을 준비하는 몸짓이란다

하여 서러워 마라
아랫목 달구는 붉은 불꽃
신명나게 춤추지 않느냐

여름내 흘린 땀방울
되박질 해보는 즐거움
여기저기 묻어 있지 않느냐

누더기 벗어 던진 나무
가슴살에 드리울 햇살이
만물을 익히고 있지 않느냐

먼 곳으로 떠났던 사람들
돌아와 쉬어도 좋을
풍요와 안식이 있지 않느냐

더 이상 서러워 마라
촛불 한 촉 밝히고 밤 새워도
외롭지 않을 독백이 있지 않느냐

그리하여 가을은
세상 별거 아니라는 허무를
깨닫게 해주는 것이 아니더냐.

전화

– 2011 5 12.

삶의 진실 녹아드는 목로주점
시화 몇 점 걸린 구석진 자리에
막걸리 잔 주거니 받거니
오고 갔을 시골 문객들

변변찮은 술과 안주에도
거나하게 기분 좋은 취기
세월의 무게도 아랑곳없이
지난날이 떠다니는
과거로의 여행

호랑이 잡던 해병대 병사
후끈 했던 기백 술잔에 풀어
넌지시 꺼내 놓고
휘젓는 뒤 안의 세월들
누구라고 이름 짖지 않아도
술안주가 되는 여백의 순수

여름 밤 한줄기 바닷바람 같은
한 통의 전화로 들려오는
아름다운 시여 시객이여

겨울밤

달빛이 창가에서 유혹 하던 밤
뜰에 나가 잠든 적막을 깨웠다
회상과 추억이 어우러진다

어릴 적 살았던 초가집
삽짝문 반쯤 열려 있고, 동부래기
황송아지 삽살개 품고 잠들어 있고

헛간 빈 지게 깍지 광에 기대 두고
섬돌에 집신 가지런히 놓여있는
길목 한 켤레 마실 따라 걷는다

창호지 문살이 투명하게 비치는
어머니의 방, 겨울 나비 한 마리
매화꽃을 품었다

봄, 그대

거기 나즈막한 언덕에 달이 되소서
햇살 부신 여름날 한줄기 바람이소서
해맑은 샘가에 한 그루 나무이소서

밤마다 그 달빛 소나무에 매어 두고
한줌 샘물 길어 목 추기면 바람은
하늘하늘 속살까지 시원한

오~그곳에서 나는
한 무더기 들꽃이고 싶어라

김경곤

《농민문학상》 시부문 우수상
연천문인협회부회장
시산맥상 수상
시집 『황동부전나비의 비상』
kyunkonk@hanmail.net

김경곤

부팅 혹은 부킹 외 12편

부팅 혹은 부킹 외 12편

김경곤

부팅을 하자마자 컴퓨터가 버벅거린다
혹시 파일을 거칠게 다루다 렉에 걸린 게 아닐까
종일 서핑 했던 사이트를 검색 해 본다
다음카페, 네이버, 야후, 섹스코리아, 섹스, 섹스...
렉에 걸릴만한 과다 리소스를 쓴 것 같지 않은 데
야한 사이트에서 동영상을 많이 본 것이 걸린다
맞아 그럴 수도 있어 몰입 된 내 머리는 멈추었었지
사망 선고를 내어 버린 찌질 한 사이트는 삭제
레지스트리까지 말끔히 지웠었는데
하루가 지난 어젠 바이러스 때문일까
언젠가부터 모니터의 해상도가 화려해졌지
부팅을 하자 말자 모니터는 섹스, 섹스, 섹스...

눈을 뜨자 명치끝이 아프다
체 한 것 같아 소화제를 먹어도 닭소리만 들린다
모가지 비틀 듯 가슴을 지워 짜 보지만 멈추지 않고
어제 메모리에 스캔 해 둔 기억이 새록새록 나온다

호박나이트 밀실에 쌓아 둔 술병의 숫자만큼
박찬호의 파워피칭에 스카치위스키와 함께 온 블라인드 부킹,
부킹의 순도가 진해 질수록 버벅거리는 머리가
사망선고 시켜버린 이름을 소독하고 염하는 동안
창은 스스로 닫는다
눈만 뜨면 각막은 부킹 중

아세크렘* 가는 길

– 세상의 끝

사하라사막에 들어가려면 가벼워져야 해
잔잔히 펼쳐지는 영상 속의 먼지가 되자
파스텔 톤 허울은 동침 후 옷을 걸치던 사람들이야
어릴 적 씹다 잠든 다음날 벼름박의 껌 같아
그래도 사막이 아름다운 건 그늘이 있기 때문이야
슬픔의 작은 알갱이로 이루어진 사막에선
안구건조증은 부록으로 달고 살지
시간이 길어질수록 활자는 더 띄엄띄엄 걷지
생각이 가까워질수록 책을 덮는다
초콜릿을 처음 맛보던 날이 생각 나
이젠 호리병 속의 요정이지
더 이상 어린 시절을 잃어버리고 싶지 않아
모래와 최대한 가까워지려 해
곱씹듯 들려오는 어깨 너머 길 안내 음성
공부해라, 씻고 자라, 좋은 학교 가야 한다
더위에 웃자란 수염이 사막에 부끄럽네
모닥불에 걸린 솥에 익고 있던 밥이 탄다
환상은 늘 깨지는 거구 아름답기만 한거야

여자는 태연하게 옷을 갈아입고
세면하는 내 앞에서 볼일을 보지
전갈의 이가 더욱 하얗네
이 여행이 끝나는 순간 나침반을 찾으리라
눈 밑 다크서클은 자궁 밖의 네발로 걷던 길
킬힐의 발등은 언제나 붉게 웃었지

그늘

촉새가 햇살처럼 떨어지는 그늘이 있었네
들국화를 좋아했던 그녀의 화원이었지
꽃을 심고 새들과 노래하고 춤추던 그늘
둥지가 맘에 들어야만 몸을 허락하는 개개비사촌처럼
완강하던 꽃가마도 둥지 치고 사는 화원에
촉새의 바른 입은 구멍을 뚫고 있어
구멍으로 인쇄된 햇볕을 끌어들이고
꽃가마에도 햇살이 사정없이 찔렀지 A++
관통된 햇볕은 통증을 끌어들이지
날개 짓에 흔들리는 활자 속의 사촌처럼
촉새의 날개 짓은 어사화였어
봄볕에 피던 참조팝나무꽃처럼
이젠 흰 나비의 날개 짓이 가벼워

취醉와 체滯

사료 들어가는 소리가 간간 해진다
닭 차가 들어오고 출하준비로 어수선하다
여기저기 슬픔에 취한 닭울음소리
수분 가득한 비명만 실린 어리에는
긴장한 둑처럼 감정이 갇힌다
백년만의 저온현상이었단다
지랄 같은 날씨 탓만 하며
딸꾹질 하던 한 달간의 사육성적이
떨어지는 깃털 무게에 짓눌린다
자식처럼 키워온 닭들을 보내며
감정의 분기점을 정산한다
명치끝이 답답하다
행여 음식을 거칠게 다루다가 체한 건 아닐까
종일 먹었던 흔적과의 조우에 머리를 써 본다
그래 술에 취했었지
언젠가부터 과음을 많이 한 다음 날 체기가 오던데
아이들과 약속했던 십년만의 휴가는
수북해진 폐사더미 속에 묻혔다
울컥해진 닭 울음
취한 것이 아니라 체한 것이리라

살다보면

여름이 진다 길도 진다
계절의 떨어뜨림 속에
인간의 생각도
강의 귀도 팔랑거린다
끝이 보이지 않는
저 물길이 안구를 우롱하지만
다가가면 안구 속
피사체로 사로잡힐 것이다
구월도 강가의 생각도
결국 매듭을 질 것이다

추석날 차례 지내고 음복 한 잔에
내 머리는 길을 잃었다
얼마 전 내비게이션이 고장 나
이번에 새로 하나 살까 했는데
차의 길보다 먼저 망가져버린 사고思考의 길,
결국은 형제끼리 말다툼 속에 높은 소리가 오갔다.

아버님 영접하며 차례를 지낸 그 방에서,
시간을 털어버리다 기억을 되찾아
죄송한 마음 하나 엎드린다
망가져버린 기억은 강물 속에 씻고
내 머리에 내비게이션 하나 장착했으면

자장 만들기

진한 자장을 만들려면 전날 과음을 해야합니다
팬에 햇살을 두르고 말술로 끓긴 기억을 볶아요
센 불은 금물이죠 아주 다 지워져 버릴 테니까요
가을하늘만큼만 아주 은근히 깊게 익혀요
상수리처럼 톡톡 튀고 뽀글거리던 기억이 푸석푸석해지면
희석된 햇살을 따라 버려요 춘장이 다 볶아진 거죠
이젠 싱싱한 기억을 볶을 차례죠
각종 기억을 말끔히 씻어 깍뚝썰기 해 물기를 빼세요
생생한 시간을 불 위에 올려놓고 햇살을 둘러요
외상장부에서 지워진 해 묵은 숫자들과 그 숫자만큼
해치운 술 값, 톡 쏘는 아내의 앙칼진 잔소리와
두루 뭉실 뭉개려던 생각을 골고루 섞어요

센 불에 재빨리 볶아요
후회는 곱게 다지고 미련한 계산은 손톱만큼만 치세요
다 익기 전 장부의 숫자를 넣고 매콤하게 한 번 더 볶으면
뒷맛이 깔끔해 집니다

이제 미리 준비한 춘장을 덮어 골고루 한 번 더 볶아
막걸리 같은 전분을 한 잔 걸치면 자장이 되죠
고명은 오이가 깔끔하겠죠?

생산자이력제

십년 만에 폭설이 내려 닭장을 주저앉혔다
쓰러진 잔해 속에서 꺼내는 닭은 평온했다
간간히 살아남은 닭을 축하하고서야 나도 주저앉는다

통닭을 주문하고 술을 마신다
티브이 속 실시간으로 지진사태 중계를 보며
접시에는 할복한 닭이 엎드려 있다
닭의 등으로 이별을 읽는다
술이라는 깔끔한 마취제는 싸고도 흔하지
진흙과자 같은 다리를 뜯어 마리 수 늘리며
이젠 구질구질한 치기는 구겨 넣자
불에 덴 듯 부끄러움은 마취되고
발화스위치처럼 툭 술잔을 놓친다
냉소적인 술잔 넘어 깍두기를 먹고 있는 모가지,
생경한 날개가 솟대처럼 깃털을 세운다

허벅지를 밟아대는 뼛조각, 사고의 폭은 축소되고
후드를 뒤집어 쓴 통닭에 삼지창을 들이 민다

해체된 통닭의 밀어 속에서 구출 해 낸 살덩이,
터벅터벅 마취 된 통닭의 꼬인 발자국 따라
시선 끌고 간 쓰레기장에 의기소침함이 앉아있다

다 버리고 자리에 앉자 잔해더미 속의 종이 한 장
퍼즐 같은 생산자이력제 식별번호 13432576,
소리 없이 얼어붙었다

입양

막내 머리카락도 노란색이니 외국가도 잘 살 것 같구먼
고생하지 말구 입양시키고 남은 식구들이라도 건사하지
그려

이웃집 아주머니 말씀이 휘청이는 방 안
유난히 노란색 머리카락을 가지고 태어난 막내
갓 낳은 핏덩이를 앞에 두고 엄마는 울고 있다
내일이면 홀트아동복지회에서 막내를 데려가기로 한 날
네 말씀 감사합니다 잘 생각 해 보죠
힘없이 아기를 업고 돌아 선 엄마의 등이 파랗다

배급 나온 밀가루를 타러 가는 길이다
동산을 넘는 지름길,
엄마는 누가 볼세라 길가 진달래를 한 움큼씩 따서
입안에 털어 넣길 여러 번
철없는 아이들도 한 움큼 따 먹어 보고는
맛도 없는 데 왜 이 꽃을 먹어요
아기 젓이 잘 나오려면 이 꽃을 먹어야 해
까까머리 큰형은 고개를 돌리고 만다

배급 타온 밀가루로 빚은 오랜만의 만찬이다
국물만 흥건한 수제비로 배를 채우는 동생들
국물 속의 굵은 멸치고기도 뼈만 남기고
동생들의 수저질에 수제비 냄비가 휘청인다
찌그러진 냄비가 바로 서기도 전

그려 지금까지 같이 살아왔는데
한 식구 입 하나 더 못 채우겠니
엄마의 얼굴에 진달래가 피어났다

아내의 꽃

휴일 오전 티브이를 보며 뒹구는 데 아내가 오랜만에 외출하자고 한다
매주 음주가무로 새벽에 들어와 쓰러지는 통에 여행 한 번 못 갔다
휴일마다 댕댕거리는 잔소리를 이해하자며 흔쾌히 승낙한다
이것이 고행의 시작인 걸 아직 몰랐다 아침 먹자마자 출발하자고 해서
서둘러 현관을 나서도 아내는 소식이 없다 외출하기 전 기본 화장만
두세 시간 수다스런 목소리에 방문을 열어보니 아내는 일어설 기미는 없고
분장 하다말고 이 옷 저 옷 생명을 주는 폼이 모델대기실이다
아내가 거울과의 대화에 남다른 어법을 쓴다는 것을 이제 알았다

어렵게 출발해도 배가 불러야 제대로 쇼핑한다는 아내의 주장에
식당가에서 든든하게 배를 채우는 것이 전쟁터에 나가는 병사 같다
쇼핑몰 의류코너부터 액세서리코너까지 입어보고 둘러보는 되풀이
이제야 밥의 힘이 왜 필요한 줄 알았다
미심쩍은 곳은 또 가보는 점검 나온 소방관이다
째려보는 눈을 인식했는지 아내 눈길이 바쁘게 움직인다
아내의 얼굴에 꽃이 핀다

출구를 나서도 아직 빈손이다 마네킹의 눈길조차 부담스럽다
아내의 미소 속에 핀 꽃은 내 여자난독증만 더 깊어지게 한다

감기 공유

감기몸살에 온 몸이 나른하다
평소 하던 비염성 재채기가 아니다
오한과 기침의 숨 절음도 이력이 나
대수롭지 않게 지나가려는데
탈진한 면역력이 뒷머리를 읽는다
직장을 퇴직하고 시골로 오면서
미래의 플라즈마는 소리 없이 떴지
잔영들이 추억 속에서 빠져 나온다
환각의 시간이 깨진 것도 그랬었지
지금 창문에 새긴 비의 양각처럼
오늘은 냉장고에 쌍화탕조차 없다
소주 한 병을 꺼내 입에 털어본다
온기가 가슴을 채우고 기침이 멎는데
안주로 먹는 홍어회가 엄지손가락이다
술기운이 서서히 얼굴까지 물들인다
가슴이 뜨거워진다 술병이 또 비워졌나
빈 술병 옆으로 보이는 약 봉지,
'마이코프라즈마나 폐렴증세에 따라
음수나 경구 투여'

감기 기운 있는 병아리들에게
타 주고 남은 감기약이다
나도 한 스푼 타 먹어 볼까, 도발이었다
그러나 금방 현실에 의거하는 마는,
술잔에 감기몸살을 타서 마신다
고요히 가라앉는 쓸쓸함조차 사치다
가을을 지웠다 그렸다 반복하는 창문 넘어
차들의 꼬릴 물고 깔뚝질 해대는 비

수거미의 꿈

저녁이면 그녀에게 애교를 부려야 해요
그녀의 에스라인은 완벽한 라인을 위한
초보적 몸매 였어요
이지적 공간은 갑갑해요
불쾌한 5분과 물 두 컵이면
수수께끼에서 자유로울 수 있어요
몸에서 빠져나갈 것은
늦은 저녁을 벗고 싶어 하던
구미호의 아홉째 꼬릴 거예요
꼬리가 길면 잡힌다죠
오늘은 용기를 내어 볼게요
유효기간을 살짝 넘기면 어떨까요
고춧가루는 풀기로 해요
얼큰히 풀어 놓은 물살은
수십 해 진단 해온 병원체죠
내 몸에 박힌 몹쓸 놈이 예민해져도
영원히 자를 수 없는 꼬리예요

불어버린 저녁은 더듬이 팝핀을 추고
쇼윈도에 전시된 암거미의 라인을 고치면서

황학시장에서

청계천 복개기사로 도배된 지게
경제 난독증 환자가 기침을 한다
어느 투사의 이데아와도 닮았다고,
우수수 무너져 버릴 것 같은 날숨
시장 닮아가고 있는 것이다

모로 세워진 계단을 오르고 있는 지게
창신동의 어린볼모가 흩어 질 때마다
두껍게 쌓고 있는 옹이의 질감
새 파래진다

동맥경화 걸린 전선줄 툭툭 불거지고
용도 변경된 겨울 시장의 쇄골을 깁는다
난간에 걸린 시계를 돌려도
시침과 분침은 돌지를 않는다

늘어진 메들리테이프가 복원되기까지
세월의 무게는 흐르기를 멈추고
푸른 수의壽衣를 짜깁기 할 것이다

닭공장

유전자 변이사료를 먹은 병아리들이 아프다
안부를 건사해 주지 못한 빈 모이주머니
항문에 항문을 쪼며 태업을 일으킨다
삶이 단단한 경계를 긋고 있다

수의사의 가위소리가 부속을 가르고 있다
심장 떼어내고, 신장 덜어내고, 내장 빼내고
모터 달고, 마그네트 콘센트 부착시키고
가슴에 달은 스위치 가동시킨다

심장이 돌아간다
째깍째깍 타이머가 호흡을 한다
납품기한 한 달 남은
닭공장의 닭울음소리
더 크고 부산스럽다

김영은

2003년 《시사문단》등단

다시올문학 발행인 도서출판 다시올 대표

maxim3515@hanmail.net

김영은

둥지 외 13편

둥지 외 13편

김영은

초상집 고방에서 속을 채우고
꽃상여 따라나섰던 비닐봉지 하나
문상객들 사라진 장지에
바람 한입 물고 남아있다

찢어진 비닐봉지 속에서
날개 달린 가벼움이 날아오른다
몸이 터지도록 세상을 껴안았던 한 사내
비닐봉지처럼 찢어진 채
인적 없는 산 아래 누웠다

세상과 사별하고
산허리에 둥지 튼 사내는
빈손으로 이곳에 도착했다
빈 봉지에 까닭 모를 빗금 여럿 남아
마지막 의식을 치른다

비로소 가벼워진 저 봉지
바람이 장지를 한 바퀴 돌아
가벼운 사내를 받들고 있다

나를 말리다

여름이 무너져 내리자 고요해서 더 적막한 *삼상리는 할 말이 많은 사람들은 뚝딱거리고 할 일이 없는 사람들은 목을 꺾고 가을로 깊숙이 들어간다.

노동에 시달려 축축하게 늘어진 육신, 천고마비天高馬肥와 독대하며 이제 그만 푸르게 부려야겠다고, 풀이 더 이상 자라지 않는 태양에 이제 알몸 말리는 의식儀式을 치러야겠다고, 눅눅해진 것들은 죄다 포쇄하며 스스로 명징한 빛을 낼 수 있을 때까지 보송보송거리게 해야겠다고.

마른 풀들도 각각의 색으로 사선을 그으며 드러눕는 법을 아는데, 사람인 내가, 눕는 법을 잊어버린 내가, 수직으로 깊어진 경계의 땅에서 익명의 귀뚜라미 빈방에 청해다 앉히고 보니 홀로 쓰러지는 법을 잊어버린 내가 아직 할 일이 더 남아 있는지 눕는 기억을 꺼내는 것조차 불편한 밤이 업혀와 서걱거린다.

한기로 덥혀진 방바닥에 등을 누이자 "어정칠월을 보내고 건들팔월"을 보내는 적막 여름내 등에서 비집고 올라온 변명을 꺾으며 별리別離를 준비하듯 눕지도 쓰러지지도 못하게 어정거린다.

* 일영유원지 안에 있는 마을

전서구傳書鳩

얼마나 험할지 도무지 짐작도 안 되는 미지의 길, 어떻게 날아오르는지 나는 알지 못한다. 몇 천 마일 너머로 훌쩍 날려 보내놓고 깃털처럼 부서져 날리는 찬란한 슬픔을 낙관처럼 찍어 내 안에 그리움만 막무가내莫無可奈로 봉인해 두었다

포식자가 없는 곳에서 진화된 새는 날아오를 준비는 하는지 안 하는지, 하라는 공부는 안 하고 어디 아픈데 없지, 살 좀 빠졌어? 다리는 괜찮아, 자나 깨나 어미 걱정뿐이다.

옆구리와 가슴 사이에 공황기를 맞은 빈자리 허전함이 메워지기도 전에 불쑥불쑥 들려오는 키위피플 새소리, 잠 못 이루다가도 나를 걱정하는 새소리만 들리면 기분 좋아지는 나는 어쩔 수 없는 어미다

오늘, 파도소리를 담은 소포가 포장되어 날아왔다.

"엄마, 이 달맞이를 복용하면 엄마의 열정이 영원히 멈추지 않을 거야"라는 간략한 메모와 함께 거침없이 비상을 꿈꾸는 새는 태평양 너머 지구촌 소식을 매일 물어 나른다.

냉장고

제삿날, 냉동실에서 닭을 꺼내 전자레인지에 넣는다. 딱딱하던 날개부터 녹아내린다. 아직 풀리지 않은 가슴살을 다시 익히려고 해동을 기다리는 가슴살에 칼질을 내려다가 휑한 가슴을 이리저리 들여다보니 "때린 사람은 발 옹그려 자고 맞은 사람은 발 뻗고 잔다"는 갈등이

얼어 있다.

부화기의 기억이 남아있는 걸까 홰를 치며 나를 내몰던 새벽과 암탉의 등을 밟고 삽시간에 벌레를 먹어치우던 시댁 텃밭의 섭섭함이 아직 냉기로 머물고 있는 탓일 게다. 모가지와 두 발목이 사라진 닭의 분홍 속살을 만지자 아직 한기가 남아 있는 가슴에서 생생하게 얼어있던 불화의 기억이 피를 흘리며 녹아내린다.

가슴을 닫고 마음을 얼렸던 것은 힘없는 내가 살아남기 위한 작전이었으며 무기력했던 나의 위안이며 내 자존심이었다.

영영 부둥켜안고 가야할 섭섭한 기억, 이제 그만 녹여야 내가 발 뻗고 살겠지 싶다

해동시키지 말아야 할 기억 저편의 임종, 다시 냉동실에 모셔둔다.

은행나무 사랑

잘 자란 은행나무
푸르게 여름을 목에 걸고
자랑스러운 연애를 한다

서 있는 자리에서
그저 바라만 봤을 뿐인데
탱글탱글 옹골차게 여물어
날이 갈수록 더 농염해진다

간음하지 말라는 십계명도 어기고
아니, 간음이 간음인지도 모른 채
투명한 하늘을 우러러 다닥다닥,
땅을 굽어보며 풍성하게 슬어 놓는
사랑의 열매들

걸맞게 오롯이 서 있는 자리에서
떳떳하게 오직 그것뿐이라며
아무것도 바라지 않는다며

숙성된 순간을 와락 털리고도
결코 질리지 않았던 것은

적당한 거리에서 마주보며
서로의 바람막이로 살기 때문

무창포의 가을

– 전원으로의 초대

정장을 차려입은 가을과
허둥지둥 길을 나섰다

양주에서 옥천까지
세월을 칭칭 감고 나 잡아봐라
날아다니는 기억과 함께 달리다 보니
도량에 들어야 하는 지천명의 속도
철없는 아이마냥 팔랑댄다

새벽을 마시며
천천히 느리게 달려도
전원의 모임에는 늦지 않았고
기억의 책갈피를 꺼내들자
세월의 어딘가에 멈춘 얼굴들이
허락도 없이 끌어안는다

높은 곳에 터를 잡고도
겸손하게 생긴 집에서
참한 안주인의 차 대접에

준비해간 시를 낭송하며
여름과 사별한 것들을 예찬했다

정지용 생가에 들려 잘 지내셨냐고
소원했던 인사 올리며
해후한 세월 찍어 대는 내게
아쉬움일랑 나무 가지에 매달아 두고
대천을 고명으로 넣어 깊게 우려낸
지난날을 마시러 가자고 시간을 채촉한다

대천항을 향해 천천히
그러나 느리게 달렸다
흩뿌려 진다는 소식 미처 접하지 못한 탓일까
황금이 들에 지천인 것이다
두리번거리는 사방
빵빵하게 담아왔다

포식자가 된 오랜만의 일탈
길을 나서며 가을 한 자루 그득
챙겨올 것 같은 예감 적중했다.

'출세出世' 라는 말

'출出' 뫼 산山자 위에
혹부리 산자가 겹쳐
산 위에 산이라는 말

첩첩산중疊疊山中으로 들면서
진정 출세했다고 하니
뻥이라고 우기는 말

입산은 아무나 하나
산 속에 들어가는 것도
그리 쉬운 일이 아니라는 말

자의든 타의든 산으로 든다는 건
세간의 업이 소멸되어야
입산 자격이 주어진다는 말

요즘 산에 올라가면
어이 김사장, 박사장, 문사장

이산 저산 경계 나누지 않아도
실직이 절로 알고 모여든다는 말

자의 아닌 타의에 의해서지만
직업이라는 '업'
그 업장이 소멸되었다는 말

대나무 돗자리
– 1981년산

전갈자리에 떠 있는 열대야의 밤
호주로 떠나보낸 아들 생각을 하자
대자리에 등을 때내지 못한 서늘한 그리움
내 등에 업힌다

쏴쏴–,
뒤란에 귀를 때리는 댓잎소리
열기를 내쫓는 대나무의 서늘한 기운
우리 집에 와서 해를 넘기자
첫돌 맞은 아이가 발걸음을 띄었다

해마다 여름이 푸른 겉대로 걸어와
대나무 숲 지나는 바람에 누워 잠든 만큼
아들도, 대자리도, 해마다 깊어졌다

이젠 한 사람만을 데리고 자는 넓은 돗자리
풀 날 위에 서린 나의 빈 등이 가벼운 만큼
대나무 돗자리도 많이 헐거워졌다

참 오랜 시간 아들과 함께한 자리
골동품이 된 돗자리의 서늘함을 만지며
함께 있어준 것이 새삼 고마웠다

그래 오래 버티는 것은 겉대의 힘이었지만
반질반질 대나무의 본질을 찾은 것은
댓잎소리 들으며 어루만진 애무의 힘,
아! 그렇구나, 사랑은 말없는 생명조차도
윤기를 돌게 하는구나

나를 파먹다

걸어온 길목에
덫을 놓는 불청객
으르릉거린다

감기 몸살도 아닌 것이
노동 뒤의 후유증도 아닌 것이
화끈하게 나를 죽이는 신열,
후끈하게 나를 태우는 미열
몽환적인 낯짝이 부끄러워
화들짝 선풍기를 돌린다

정체 모를 이 두근거림
잠깐씩 찾아와 흔적 남기고
잊을만하면 다시 쿵쿵거리고
여자였던 세월 다 지났다고
낙관 찍어 봉인하라며
심장을 뛰게 한다

죽을 병도 아닌 것이,
나를 파먹는 우울도 아닌 것이
들키고 싶지 않아 환장한 몸 곳곳에
지우고 싶은 이끼가 돋는다
내 안에 낯선 내가 살고 있다

담금질 하고 싶은 날

열매를 '끊는다' 해서 '가을'로 변하더니
하늘 받쳐 이고 벼 익는 들녘의 열매를 끊어
마음조차 넉넉하게 거두어야 할 계절

헛되고 헛되지 않았음을 깨닫는 것은
텅 빈 텃밭에 거두어들일 투명한 날갯짓 같은
그 절절한 무엇이 있음이야

나약한 최후는 붙들고 싶지 않았고
용기는 날아오르는 것인 줄 알고 풍선처럼
마구 부풀었던 날들

젊은 날 그대를 얻으면 시처럼 살고
그대를 잃으면 시를 쓰리라며
한세상 붉은 것도 푸르게 푸르게 꽃피운
흙 묻은 기억

풀벌레 울음 넘치게 그리워 목이 쉬던 날
땡볕으로 나를 태우며 기억하던 날
하얗게 질린 억새와 미주앉아
유리잔 철철 넘치게 합환주 한잔
마시고 싶은 지금 같은 날

노동당사

부서져 내리는 분단의 덩어리
변방에서 닫힌 눈 열린 귀를 향해
세월과 몸부림하고 있다

침묵이 만개한 밤
수런수런 죽어나간 유령들의 지난 얘기
총구를 들이 댄듯한 형상에 등골이 오싹해진 쑥부쟁이도
얼뫼나 떨었는지 공포로 물들었지

가령
육이오 터지던 해
철원의 가난한 소작농의 아들로 태어나
허리 휘도록 땅 파먹고 살다 지주 때려잡고
시뻘건 완장 차고 모가지에 힘 주던 놈이라던가?

빨갱이 앞잡이 노릇하며
양민들 학살한 아무개 그 개놈이라던가
피를 봐야 직성이 풀렸던 전설의 드라큐라 같은 놈들

복날 개 패듯이 때려잡아야 눈 감을 수 있다는
수렁수렁거리는 얘기
비명같은 그런 얘기

날마다 죽어서 피빛으로 물드는 노을
꽝꽝 언 땅의 묻힌 얘기 들으며 지천으로 자라는 쑥부쟁이
개처럼 벌어 정승처럼 살려는 상점주인

오늘도
노동당사 간판 내걸고
피 비린내 나는 역사逆史를 판다.

겨울이 허락한 봄

동면의 시간으로 깊이를 안 겨울은
내밀하게 엉킨 봄의 속살을 훔친다
소름 낀 텅빈 가지에 생명이 스며든다

동안거 길다 하여 겨울이 춥다 하여
혼비백산 흩어져 잊은 듯이 산다면
황량한 들판 무엇으로 꽃피울 것인가

춘설이 난분분 필까 말까 망설여도
꽃은 겨울이 허락한 마지막 자비로
조바심 밀어내듯이 수락하는 것이다

외출

한번쯤 벗어나고 싶다고 작정을 하니
골목길을 통째로 잡아먹은 어둠이
나를 향해 다가온다
가슴을 옥죄는 어둠에
내 발자국이 골목 끝으로 달려나간다
불빛 환한 신작로가 발자국을 이어 받는다
낯선 길에서 밤이라고 몸을 푼 불빛들이
간판마다 아우성이다
스프링코트를 입은 쇼윈도의 마네킹이 윙크를 하고
나리꽃등 켠 포장마차가 손을 잡아끈다
부킹노래방 불빛에 뒷덜미를 잡힌다
쟁반처럼 돌아가는 조명 속에
골목길이 늘어났다 줄어들었다
서툰 발자국을 돌린다
어둠 속에 남은 내가 휘청거린다

낮은 자세로 피는 꽃들

#

홀로 깊어지는 시월의 마지막 햇살 속으로 가을이 뒹굴고 사흘이 멀다 가릿대 사이로 달겨드는 바람 여름과 사별한 무성한 잎들을 데불고 마지막 의식을 준비하고 있다.

#

계절의 경계에서 들녘으로 나가고파 몸살을 앓던 쑥부쟁이, 한 생을 기다리며 명징한 빛으로 피는 산국화, 지난 계절의 잔해를 온몸으로 걸러내며 옷을 갈아입느라 분주하다.

#

여름내 그을린 구절초, 휑하니 돌아선 은하수 아래 아직도 수줍기만한지 울음 삼키는 억새 밑에 비겁한 자세로 포복하고 있다.

#

햇살의 구애를 뿌리치지 못해 하얀 이를 드러내며 붉게 물들어버린 석류, 지난해 손가락 걸며 활짝 피마 약속했던 꽃들 가을이 한기처럼 깊어지자 낮은 자세가 되어 사라진다.

이 환장할 봄날에

처녀이기만을 고집하는 목련나무 가지 끝,
부뚜막에 먼저 올라간 것들이 하나, 둘, 모여들어
그 빛바랜 이유들을 풀어놓기 시작했다

처녀가 애 배도 할 말이 있다고
목화솜 한 수레 풀기 시작하더니
혼례 치루기도 전에 간직한 날들
봄밤을 이기지 못한 순간 져버리고
아무 것도 아니라는 듯
자폭한 까닭 아직 모르는데

얌전한 고양이 부뚜막에 먼저 올라간다고
순결을 지키지 못해 변사체로 늘어진 가지가지마다
곁을 떠나지 못하고 붙잡고 있는 저 집착이라니
이승과 저승 넘나들며 버림받은 사연 아랑곳없다
지켜내지 못한 허망한 여자의 환장할 봄
여기까지라고 사월은 말하고 있다

문춘식

1978년 《교자문원》 3회 추천완료
그리고문학회 동인 회장
시집 『민들레』 『오래된 시처럼』
『잠자리의 눈은 기다림의 물집이다』
시선집 『짓거리』
moonspring@hanmail.net

문춘식

포구의 한 낮 외 14편

포구의 한 낮 외 9편

문춘식

항구마다
파도에 떠도는 나무 조각과 쓰레기들.
방파제에 갇혀 길을 잃는다.

글을 쓰다 길을 잘못 찾아든 시인과
고기를 잡다 생활에 찌든 어부들이 만나

하얀 등대를 보며
다시 오지도 않는 썰물을 그리며

근처 주막집에 들어가 한 마디의 말도 없이
빈 잔에 서로 막걸리를 채워준다

소리 내는 파도만 철썩거리고
출항하지 않은 배들이 출렁거린다.

모두 항로가 막힌 듯
아무도 떠나지 않는다.

대낮이라는 햇볕만
쏟아지고 있다

늙음

나는 그리워 할 뿐
사랑이란 없다.

마가렛 꽃은 피고
새가 뜻 모를 울음 잃어도
나는 그리울 뿐
사랑이라는 것은 없다.

그저 늙어 이제 지친 영혼.
새벽마다 휘파람 부는 후회일 뿐
그립다는 말만 할 수 있다.

글을 쓴다 해도
휴지가 날리는 세상
아무래도 내겐 아프다.

들려오는 공사장 굉음에
나중에라도 정직하게 거짓말처럼
마무리 대금을 정리해야겠다.

녹슨 못

남에게 못을 박기엔 너무 아퍼
내 몸에 말로 박힌 못들을 빼야 했다.

박힌 못을 빼다보니
아픔보다 더 아픈 너를 보았다.

정말 못쓸 짓을 한 내가 아파도
아픈 너를 생각하며 이 밤에 뽑는다.

하나 부질없는 이 연민
보이지도 않는 그대

이젠 나만 아픈 추억이 되어
녹슨 상처만 뽑아내고 있다.

이 밤이 아니면 몹쓸 인연이 될
하나하나를 장도리로 뽑고 있다.

상생相生

깨어진 손목시계 위에
금방, 숨을 거둔 메뚜기.
누가 먼저 인지 모를, 일들,
주검의 뒷다리에
붉은 색, 촛침도 걸려 있다.

글을 쓰며
시간을 관장하던 사람도
결국, 시간에 사라지고

눈으로 확인 되는 시간과, 시각
우리가 만든, 짧은 삼각자
우리가 쉽게 대어보는
한 변의 길이가 아니다.

종말도 함께 하는 것이
함께 사는 것이다.

가을 의식儀式

벌초를 끝낸
낯선 무덤 상석위에
날아 온 늙은 잠자리.

양 날개, 머리
앞으로 다소곳이 모으고
목, 등, 보이도록 고개 숙여
엎드려 있다.

가위에 눌린 듯
따가운 가을 햇살에
오오래 일어나지 못하고 있다.

길

어디로 가야 하는가
갈 길은 풀어진 테잎처럼
구비 구비 앞서가는데

절뚝거리며
뇌졸중에 걸린 시詩를
나침반처럼 들고 가는데

언젠가
은빛 햇살을 튕기며 달리던
나의 자전거는 흔적도 없고

인적하나 없는 벌판에
어둠이 반딧불이조차 지우고 없는데
까닭 없이 울어대는 개구리 울음소리
아우성처럼 내 죄를 탓 하는구나

삶이란 이름 새겨진 동전이 있어도
사람의 목소리 들을 수 없는 이 길
이제 어디로 가야하나?

의식儀式

검은 양복을 입은 사람들이
흰 꽃을 들고 들어갔다.

뒤이어 더 많은 문이 열리고
그림자도 없는 사람들이
뒤따라 들어갔다.

조용히 문이 닫히고
파문만 작게 남아 있었다.

죽은 사람도 산 사람도 없는
조용한 호수였다.

편片

#.
반쯤 젖어
반만 남은 포스터 밑에 서면
토막 난 내 얼굴
그림자도 없는 내 초상.

#.
찢길대로 찢겨
남는 것만 남아
허옇게 널린 악보들
소리를 잃은 내 풍금 소리.

#.
부는 바람
기억조차 날아가고
세찬 빗줄기에 떠내려가는
닿소리, 홀소리, 내 혼자 소리

족보

아무렇게나 끌고 다니다
버린 내 그림자.

칠월 땡볕에
주인 잃고 침 흘리고 서있는
검둥이처럼 검다.

그림자에 매어 있는
투명한 두개의 목줄

'문' 이라는 성씨와
'춘식' 이라는 이름

끊어져 있다.

민달팽이 詩人

그는 지금 집에 없다.
잘 빨아 널은, 그의 생각처럼
옥양목은 빨랫줄에 걸려 펄럭이지만
그는 며칠째 집에 없다.

선비를 닮아야 한다며
기르던 난초 뿌리 채 간 곳 없고
천년만년 살 것 같은, 화분만
윤기 잃지 않고 모로 누워 있다.

아직도, 그가 사는 옥탑방에는
잠긴 열쇠처럼, 그가 살고, 그가
더 올라 갈 수 없게 된 사다리에는
녹슨 못들만 머리를 내 밀고 있다.

그는 아직 집에 없다. 아니,
처음처럼 집을 못 찾고 있다.

수해

세상이 가진 가장자리가 싫어
배수구도 치고 옹벽도 쌓았다.

그리곤 말뚝 뒤에 숨어서 울기 싫어
남들 앞에 걸어 논 간판 마냥 웃기만 했다.

비오고 장마가 온다던 어느 날 새벽.
유년에 보았던 홍수가 뜻밖에 생기고

다른 이들의 버린 물들이 넘치고
산사태가 옹벽을 덮치고 있었다.

어느새 쓰레기장이 되어 버린
세상의 가장 자리에 내가 서있었다.

아침

세상은 매일
아침이란다.

눈물나도록 고마운 말이다
스물 네 시간 자는 것도 어려울 게다.

지금 깨어난
그리고 이렇게 타자를 치고 있는

세상은 매일
아침이란다.

그리움도 지워 버린
그런 생각조차 잃어버린 밤.

나 혼자 생각에
내일도 아침으로 깨어나야 하는데

세상은 매일
아침이란다.

천연색 꿈

1.

자고 일어나니 아름다운 노을입니다. 검정색으로 만들어진 구름 앞에 명암처럼 낀 붉은색이 아름답습니다. 황홀한 느낌도 잠시 한 평 남짓한 나의 방, 사방이 판자가 모두 떨어져 나가 밑이 보입니다. 아찔한 높이. 외나무로 만든 방이 바람에 흔들리고 있습니다. 어떻게 올라왔는지도 모르는 미끄러운 지주 하나. 저 밑에는 목욕탕 굴뚝에서 연기가 피어오르고. 나는 이제 또 다시 잠들어야 한답니다. 누우면 굴려서 떨어 질 것 같은 나의 꿈.

바람에 휘청거리며 서 있습니다.

2.

물을 막아놓은 보의 물빛이 푸르다 못해 검습니다. 너무 맑아 손을 담그고 보니 영화에 이리언에서 봄직한 괴상한 모양과 엄청난 크기의 물고기가 보입니다. 마음이 섬뜩하여 둑 위로 올라와 그제야 손에 물을 털어냅니다. 둑 위에서 본 물속에는 넙치 같이 생긴 이상한 물고기, 이빨이 날카로운 큰 물고기. 악어 같은 물고기, 보도 듣지도 못한 물고기가 가득합니다. 몸서리치며 고개를 드니 담갈색 목조 건물이 보인다. 그래도 '사람이 사는 군' 안심하던 중 그 건물이 간판을 보았는데

'이 하천의 물고기 치어 분양합니다'

3.

항상 나타나는 같은 길입니다. 차도 갈 수 없는 주황색 벼랑 위에 큰 절이 하나 있습니다. 음산한 절 마당에는 한가운데 돌로 쌓은 우물이 하나 있습니다. 그 우물 안에는 커다란 고목이 나뭇가지가 그림자를 거느린 채 물에 잠겨 있습니다. 붉은 기둥과, 검정색 그늘과, 노랑색 마당과, 갈색의 항아리가 가득합니다.

문득 이 곳이 절이 아니라 사람의 심장만 모시는 사당이란 말이 생각납니다.

갑자기 붉은색이 하늘과 땅에 막 날아다닙니다.

봄비

오늘 비 오는 날
내 우체통을 열어 봅니다

덩그런히 남아있는
엽서 한 통

이미 빛이 바랜
기다림이 되 돌아옵니다

어쩌다 오늘
봄비가 옵니다.

우체통만
비에 젖습니다

책

책을 읽고 배우려는 이들아
책을 읽지마라

책을 통해 가르치려는 이들아.
책을 통해 말하지 말라.

책은 삶의 참고서 일뿐
책은 지침서가 아니다.

➔ 이돈희 ←

2000년 《내일을 여는시》 등단
연천문인협회 명예회장
현대시인협회 회원 조류협회 회장
시집 『솔개의 눈』

이돈희

포구의 한 낮 외 14편

비가 외 9편

이돈희

다행이다

가슴앓이가 더해가는
안개꽃 같은 늦둥이 딸아이의 안녕을 위하여
비올라viola를 켜는 늙은 아비의 부음은
이 늦은 가을에도 접하지 못했다

피카소의 늙은 키타수 같은 노인의
비밀스런 집은
눈시울 젖어드는 마찻길 언덕 너머
위로 받고 싶어 상처를 사랑하는
억새꽃 숲을 지나면 지평선 같은 먼 옛날
홍살문이 있었다는 단풍나무 숲을 지나
낙엽 덮인 오솔길 끝나는 곳
빛바랜 붉은 양철지붕 집이다

서러운 바람 부는 밤
비애의 파편 같은 찬비 내리면
소녀의 밭은기침소리 더 해 갈 때마다
쾌유를 비는 아비의 비올라 켜는 소리는
지친 낙타의 숨결이다

다행이다

오늘도 영혼의 흔적 같은 아침 연기 오르고
늙은 아비의 부음은
이 늦은 가을에도 접하지 못했다

아침 강

폭우가 실성 할 때마다
강은, 강이 아니었습니다.

혼돈의 부유물과
뒤범벅되어 울먹이는
황토빛 몸부림이었습니다.

퇴로가 차단된
어느 게릴라집단의
단말마적 분탕질이었습니다.

고통을 참고 기다리던 강
처서 무렵
오늘, 이 아침 여울목에
힘겨운 터 잡기 한 물돌들
지친 영혼을 위로하는
강물의 노래 청랭합니다.

늦잠에 취했던 고단한 동녘에
여명이 시작되자 강은
보라는 듯 순산을 합니다.

피어오르는 물안개
조용한 아침의 나라에
한 폭의 수묵화
들 날숨을 시작합니다.

시월이 오면

시월이 오면, 우체국에 가야한다
입춘 지나도 물러설 줄 모르고
아린芽鱗에 쌓인 봉우리들의
볼을 에이던 늦추위의 짓거리
때 늦은 한파를 견디고 피어나는
봉우리들을
영하의 오기로 동사 시키던 짓거리
이즈음에서 나는
꽃들의 편이 되었다는
보고서를 써
파란 봉투에 노란 은행잎을 우표로 하고
받는 이는 코발트블루 하늘
때가되어도 물러설 줄 모르는
파렴치 늦추위를 하늘에 고하려
아름다운 시절
시월이오면
우체국에 가야한다

모략과 질투의 바람 속을 헤집고
꽃피웠던 화려한 이야기도
추신으로 적어
시월이오면
우체국에 가야한다.

천둥소리

번개는
하늘의 뜨거운 윙크다

천둥은
어마어마한
하늘의 공갈이다
높이 솟은 것들을 시샘하는
가공할 하늘의 윙크는
예배당도 겁먹어
첨탑에 피뢰침을 세우고
네가 책임지란다

언제나
뒷북만치는
천둥소리

벼락 맞아 죽은 사람은 있어도
천둥소리에 놀라 죽은 사람은
아직 없다

세상에 가장 큰 공갈
천둥소리.

지구를 위하여

석유가 탄다
석탄이 탄다
하늘의 기관지에
경련이 인다.

꿈

겨울의 삭풍은
서서죽은 억새 숲이
막아준다고 했습니다

망각의 강 건너
자작나무 숲을 지나
언덕 넘으면
겨울 산사의 요새 같은
흙으로 빚은 집 한 채 있습니다

빗금으로도 버티고 있는 굴뚝에
하루 세 끼 밥 짓느라
하얀 연기 피어오르는
그런 집 한 채 있습니다.

낙엽에게

숙명적 이별을 위하여
아름답게 채색된 향연 있었다

피붙이, 우듬지로부터
고통스런 추락 있었다

소슬바람에도 전율 하면서
내일위해 두고 온 아린에 쌓인 잎눈,
꽃눈들의 겨울나기를 걱정 하며
바람비에 휘말려 깊은
골창이나 계곡에서
풍장이나 수장 되지만
너는 다시 부활 한다

너의 미소는 싸늘하지만
아름답다

이 늦은 가을날에도

겨울바다

머 얼 리

검푸른 해원을 넘어
바닷새 몇 마리도
사라져 버렸다

싸늘한 대기
단조로운 해안선
겨울 석양 받고
은린 반짝 인다

혼자 있고 싶은데
저 어기
몇 사람 이리 오고 있구나

뛰어 들거나
순결의 심해로

가을 숲

고즈넉한 늦은 오후
외로운 숲
위로 하고 싶어
혼자 찾아 왔더니

으스스
우수수수수
분주한 움직임
심상치 않다 했더니

이미
올 것 알아차리고
물들인 치마폭을 벗어
자고 가라 하네

실수

이 나라 만산 단풍
연기도 내지 않고
붉게 타기에
겨울나기
땔감 준비를 잊었더니
가으내
사랑 노래만 하다
알몸으로 겨울 나는
귀뚜라미 보다
더 춥고 배고프다.

가을밤

음 구월

하현달의

발정을 위하여

늙은 귀뚜라미들이 부르는

사랑노래 차가워

지금 나는

춥다

매미

서울 매미야
밤 새워 연주해도
욕만 먹는 구나.

그 사람

어린애 같은 당신
아서요
아서

나와 푸른 인연을 맺었던 사람들
모두가 불행하게 되었다며
잊어 달라던……

차라리
망각이라는 이름의 강물이 되어
서편 바다로 가라던 그 사람

구절초 꽃떨기 같던 가을날의
그 사람
하얀 가슴앓이를 하던 그 사람
죽어서 남도 서해안
이름 없는 포구에 돌이 되고 싶다 했었다

아무렴
지금쯤 돌이 되어
겨울 파도 소리 듣고 있으리
잊어서는 안 될 사람
마돈나여

할미꽃

병사가 잠든
양지 바른 묘지에
할미꽃 피네.

진달래

온산이 타고 있네
불바다 진달래
웃고 있는 소방관 .

그리고문학 2011년 제13집

놀란 흙

초판인쇄 | 2011년 11월 30일
초판발행 | 2011년 12월 5일

발행인 | 문춘식
발행처 | 그리고문학

펴낸이 | 김영은
펴낸곳 | 다시올
주 소 | 서울 노원구 월계동 382-55
전 화 | 070-7431-5941 031-836-5941
팩 스 | (031)855-5941

값 8000원
*파본된 책은 바꾸어드립니다

ISBN 978-89-94414-16-4 03810

* 이 책은 경기문화재단 지원금으로 제작되었습니다.